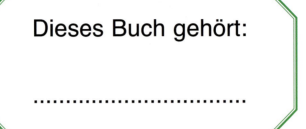

Dieses Buch gehört:

....

ISBN 978-3-8000-5379-7
Alle Urheberrechte, insbesondere das Recht der Vervielfältigung, Verbreitung
und öffentlichen Wiedergabe in jeder Form, einschließlich einer Verwertung in
elektronischen Medien, der reprografischen Vervielfältigung, einer digitalen
Verbreitung und der Aufnahme in Datenbanken, ausdrücklich vorbehalten.
Gesetzt nach der derzeit gültigen Rechtschreibung.
Reihenlogo von Peter Friedl
Illustrationen von Michael Fleischmann
Satz und Layout: HP Buchdesign, Wendelstein
Copyright © 2008 by Verlag Carl Ueberreuter, Wien
Printed by Tlačiarne BB s.r.o., Slovakia
1 3 5 7 6 4 2

Ueberreuter im Internet: www.ueberreuter.at

Kleiner Floh
sucht einen Namen
Eine Indianergeschichte

Text von Hans Bär
Illustrationen von Michael Fleischmann

UEBERREUTER

Inhalt

Die Späher sind zurück 5

Der Rat der Ältesten 12

Ein stures Pferd 19

Das Gewehr 27

Ein wilder Ritt 34

Ein kleiner Bison 41

Die Späher sind zurück

Wo der Wind wohl hinging? Kleiner Floh blickte über die endlose Ebene.

Der Wind zauste seine Haare und, Kleiner Floh hätte gerne gewusst, wie weit der Wind eigentlich blasen konnte. Bis ans Ende der Prärie? Allerdings war nirgendwo ein Ende der Prärie zu sehen. Wohin man auch schaute – die Grasebene erstreckte sich weit und weiter, bis sie einfach hinter dem Horizont verschwand.

Kleiner Floh schüttelte den Kopf. Eigentlich war es ja egal, wo der Wind hinging. Schließlich wusste man auch nicht, woher er kam.

Außerdem hatte Kleiner Floh jetzt andere Sorgen. Er brauchte dringend eine Erscheinung oder ein besonderes Erlebnis. Schon, um nicht mehr Kleiner Floh zu

heißen. Kleiner Floh – wie sich das anhörte!
  Aber leider war es bei seinem Stamm üblich, Kinder nicht nur nach Tieren oder besonderen Eigenschaften zu benennen, sondern auch nach Ereignissen, die sich am Tag ihrer Geburt zugetragen hatten. Und offenbar hatten seine Eltern am Tag der Geburt von Kleiner Floh gewisse Erlebnisse mit einem kleinen Floh gehabt. Das hatte Kleiner Floh nun davon! Aber immerhin durfte ein Indianer seinen Namen im Laufe seines Lebens ein oder zwei Mal wechseln

und das hatte Kleiner Floh auch dringend vor. Doch dazu brauchte er nun einmal eine Erscheinung …

Kleiner Floh kniff die Augen zusammen. Was war da hinten am Horizont? Nein, das war eindeutig keine Erscheinung. Das war eine Staubwolke.

Die Späher kehrten zurück! Vor ein paar Tagen waren sie aufgebrochen, um eine der großen Bisonherden aufzuspüren. Das Fleisch wurde langsam knapp in ihrem Zeltdorf und die Schlafdecke von Kleiner Floh war schon ganz löcherig.

Hoffentlich waren die Späher erfolgreich gewesen!

Sonst würde das ganze Dorf weiterziehen müssen. Sie würden wieder mal ihre Zelte abbrechen und mit Sack und Pack über die Prärie ziehen, um irgendwo einen Lagerplatz zu finden, der näher an den Weidestellen der Bisons lag.

Ohne Bisons hätten die Indianer in der Prärie überhaupt nicht überleben können.

Die Bisons waren verehrungswürdige Wesen, aber da half nichts – die Bisons mussten gejagt werden, weil die Indianer sich von ihrem Fleisch ernährten, aus ihren Fellen wurden Decken gefertigt und Planen für die Zelte.

Selbst die Knochen der Bisons waren nützlich, weil man daraus allerlei Gerätschaften für den Haushalt basteln konnte. Gäbe es keine Bisons – gäbe es dann überhaupt Indianer?

„Apachen bestimmt nicht", überlegte Kleiner Floh. Anderswo lebten Indianer, die in festen Häusern wohnten, den Boden beackerten und sich von Gemüse ernährten. Die blieben immer an einem Ort und mussten nie unter dem großen Himmel und den weiten Sternen von Fleck zu Fleck ziehen. Kleiner Floh machte sich nichts aus Gemüse. Trotzdem beneidete er die Sesshaften manchmal. Denn außer seinem dämlichen Namen gab es noch etwas, für das Kleiner Floh sich ein wenig schämte.

Kleiner Floh ritt nicht gern. Das würde er natürlich niemals zugeben. Ein Apache, der nicht gerne ritt, so etwas konnte es gar nicht geben.

Leider gab es so etwas doch. Sobald Kleiner Floh auf einem Pferd saß, wurde ihm schwindelig, weswegen Kleiner Floh freiwillig zu Fuß ging, wenn sich sein Stamm wieder mal auf Wanderung begab.

Bislang war das noch gar nicht weiter aufgefallen – nur sein Vater hatte früher einmal überlegt, ob er Kleiner Floh nicht vielleicht in Stramme Wade umbenennen sollte.

Kleiner Floh hoffte jedenfalls inständig, dass seine künftige Erscheinung nicht mit Pferden zu tun haben würde …

Die Späher preschten heran, Großer Busch griff in die Zügel, sein Pferd wieherte und bäumte sich auf.

Der Trupp hielt direkt vor Kleiner Floh.

„Wahrscheinlich", dachte Kleiner Floh, „wundern sie sich immer noch, dass ich nicht mitreiten wollte."

Eigentlich war es für einen Achtjährigen ja eine große Sache, mit den Spähern auf Erkundung zu gehen. Aber Kleiner Floh hatte sich einfach mit seiner Erscheinung herausgeredet, die kurz bevorstünde.

„Die Späher sind da!" Aus den Zelten

kamen die Frauen und Krieger herbeigelaufen und umringten Großer Busch.
Aber der schüttelte nur den Kopf.
„Nichts", sagte er. „Weit und breit keine Herde."
Dann tätschelte Großer Busch den Kopf von Kleiner Floh.
„Es wird Zeit, dass du deine Erscheinung bekommst", brummte er. „Mit möglichst vielen Bisons!"

Leserätsel

1. Was fertigen die Indianer aus den Fellen der Bisons?

2. Wovon ernähren sich die Indianer, die in festen Häuser wohnen?

3. Wie oft im Leben darf ein Indianer seinen Namen wechseln?

1. Decken und Planen für die Zelte.
2. Von Gemüse.
3. Ein oder zwei Mal.

Der Rat der Ältesten

Kleiner Floh hielt die Luft an. Bloß jetzt nicht husten! Diese Alten rauchten ein Kraut, das einen Bison umhauen konnte.

Kleiner Floh wusste nicht, was geschehen würde, wenn man ihn beim Lauschen erwischte. Er wusste nur, dass es sich für einen Achtjährigen ganz und gar nicht gehörte, die Stammesältesten bei ihrer Beratung zu belauschen.

Aber Kleiner Floh wollte unbedingt wissen, ob er sich schon wieder auf eine lange Wanderung gefasst machen musste. Vier Tage waren die Späher unterwegs gewesen und hatten keinen einzigen Bison zu Gesicht bekommen! Das hatte natürlich alle im Lager ziemlich beunruhigt. Überall im Lager sah man finstere Gesichter. Also war der Ältestenrat einberufen worden. Der

Ältestenrat sollte darüber entscheiden, ob es an der Zeit war, das Lager abzubrechen und weiterzuziehen.

Kleiner Floh lag flach auf dem Boden. Er hatte versucht, sich mit ein paar ausgerissenen Sträuchern in ein Büschel Präriegras zu verwandeln. Wie ein Späher auf dem Kriegspfad kam er sich vor.

Leider hatte er nicht nur mit einem Juckreiz am rechten Bein zu kämpfen, sondern auch mit Tabaksrauch, den der Wind in seine Richtung blies.

Doch da war nichts zu machen. Das Rauchen war nun einmal ein ganz wichtiges Ereignis bei jeder Ratsversammlung. Die Friedenspfeife, das sogenannte Kalumet, war blau und grün bemalt, es war mit Federn geschmückt und benutzt wurde es nur bei Festen, Beratungen und anderen großen Anlässen. Und natürlich pafften die Ältesten nicht einfach so drauflos! Erst, wenn der Rauch einmal in alle vier Himmelsrichtungen geblasen worden war, durfte das Kalumet herumgereicht werden. Dann allerdings, fand Kleiner Floh, schmauchten die Männer ausgiebiger, als es für die Feierlichkeit nötig gewesen wäre.

Wenn sein Bein bloß nicht so jucken würde! Ganz vorsichtig versuchte Kleiner Floh, mit der Hand an die juckende Stelle zu gelangen, aber gleich lag er wieder ganz starr. Täuschte er sich oder hatte Früher Vogel ihn gerade scharf angesehen?

„Aber nein", dachte Kleiner Floh. „Meine Tarnung ist einfach perfekt."

Wenigstens schienen die Ältesten endlich mit der Beratung beginnen zu wollen.

Wandernder Hund legte das Kalumet beiseite und erhob sich ein wenig mühsam.

Wandernder Hund war der Älteste der Ältesten und hatte darum immer das erste Wort. Er sah in den Himmel, breitete die Arme aus und begann mit seiner Rede.

„Vor vielen, vielen Monden", rief er feierlich, „ritt ich zum ersten Mal aus, um den Bison zu finden."

Kleiner Floh unterdrückte einen Seufzer. Wandernder Hund war bekannt dafür, dass er ungern schnell zur Sache kam. Schließlich war er der Älteste der Ältesten und hatte viel zu erzählen.

Als sich Wandernder Hund endlich wieder gesetzt hatte, erhob sich ein Ältester nach dem anderen und erklärte, warum er für oder warum er gegen einen Abbruch des Lagers war. Die einen priesen den jetzigen Lagerplatz in den höchsten Tönen – wie wunderbar er gelegen sei, ganz in der Nähe

vom Fluss, und ob man wieder so einen schönen Platz finden würde, das sei doch sehr fraglich.

Aber es zeigte sich schnell, dass die Mehrheit der Ältesten dafür war, so rasch wie möglich weiterzuziehen.

„Das Fleisch wird knapp", hieß es da. „Wer weiß, ob der Bison in diesem Sommer noch einmal in Wurfweite unserer Speere weiden mag. Und wenn der Bison nicht zu den Apachen kommt, müssen die Apachen zu den Bisons reiten."

Die Sache schien beschlossen.

„Aber mein Pferd!", rief Wandernder Hund bekümmert. „Man muss es erst wieder an die Reiterei gewöhnen und ich bin nicht mehr geduldig genug für solche Späße!"

Die Ältesten schmunzelten. Das Pferd von Wandernder Hund war fast so alt wie er selbst.

Da erhob sich Früher Vogel, und diesmal täuschte Kleiner Floh sich nicht.

Früher Vogel blickte tatsächlich genau in seine Richtung.

„Wandernder Hund, mach dir keine Sorgen", sagte Früher Vogel sanft. „Bei uns gibt es welche, die sind geduldig wie ein Büschel Präriegras. Dein Pferd wird bereit sein, wenn wir reiten!"

Kleiner Floh wäre am liebsten im Prärieboden versunken. Das hatte er nun vom Lauschen! Er hatte mehr gehört, als ihm lieb war …

Leserätsel

1. Wer entscheidet über die Angelegenheiten des Stammes?

2. Womit ist das Kalumet geschmückt?

3. Warum müssen die Apachen dringend Bisons finden?

1. Der Ältestenrat.
2. Mit Federn.
3. Weil das Fleisch knapp wird.

Ein stures Pferd

Kleiner Floh schnaubte wütend. Dieser Gaul schätzte das Reiten offenbar noch weniger als er selbst. Vor lauter Ärger vergaß Kleiner Floh sogar, dass ihm so hoch oben auf einem Pferderücken eigentlich schwindelig sein müsste. Wenigstens scheute das Pferd nicht oder bockte wie andere Pferde, die Kleiner Floh kannte. Das Pferd von Wandernder Hund stand ganz still und blickte versonnen und ein wenig traurig über die Prärie.

Natürlich hatte Kleiner Floh nur stumm mit dem Kopf nicken können, als Früher Vogel ihn nach der Versammlung beiseite genommen und ihm dringend geraten hatte, sich ein wenig um das Pferd von Wandernder Hund zu kümmern.

Kleiner Floh konnte froh sein, dass seine

Lauscherei keine böseren Folgen hatte.

Trotzdem, ausgerechnet er sollte einem Pferd wieder das Reiten beibringen!

Dass dieses Pferd ein so alter Gaul war, machte die Sache auch nicht besser. Alte Gäule waren nun einmal unheimlich stur. Jedenfalls bewegte sich das Pferd keinen Millimeter von der Stelle, da konnte Kleiner Floh noch so oft „Hü!" schreien oder am Zügel ziehen, wie er wollte.

Längst hatte Kleiner Floh den letzten Rest Lust an seiner Aufgabe verloren. Verdrossen sah er über das Land, dessen Gräser sich im Wind wie Wellen auf und ab bewegten.

Doch plötzlich stutzte er. Das war doch Spitzer Stein, der da durch das Gras herangestapft kam … Wahrscheinlich hatte er nach Kräutern für seine Medizin gesucht.

Spitzer Stein war Medizinmann und bei seinem Anblick dachte Kleiner Floh gleich wieder an seine Vision. Wie oft hatte er Spitzer Stein heimlich beobachtet, wenn

der Medizinmann in seinem Zelt mit den Geistern sprach! Aber wie man zu einer Erscheinung kommt, das hatte Kleiner Floh dabei nicht herausbekommen.

Langsam wurde es höchste Zeit! Einmal abgesehen von dem neuen Namen – um ein richtiger Krieger zu werden, brauchte er einfach irgendeine Vision. Die Vision von einem Tier, das dann zum seinem Schutzgeist werden würde.

Spitzer Stein nickte freundlich, als er bei Kleiner Floh angelangt war.

„Wie geht es?", fragte er. „Wartest du immer noch auf deine Erscheinung?"

Kleiner Floh schluckte. „Ach bitte", sagte er kläglich. „Kennst du nicht irgendeinen Zauber? Damit ich meine Vision bekomme?"

„Natürlich", antwortete Spitzer Stein. Die Augen von Kleiner Floh leuchteten auf.

„Wirklich? Verrätst du ihn mir?"

„Das ist ganz einfach", sagte Spitzer Stein. „Der Zauber heißt: Geduld."

Und damit nickte er noch einmal freundlich und stapfte weiter.

Kleiner Floh schnaubte wieder. Geduld! Spitzer Stein hatte gut reden. Er musste ja nicht auf eine Erscheinung warten. Spitzer Stein musste nur seine Kräuter suchen und die liefen ihm nicht weg.

Da hörte Kleiner Floh hinter sich jemanden leise kichern. Er sah sich um – und sofort wurde seine Laune sehr viel besser.

Da stand Flatternder Falter und hielt sich die Hand vor den Mund. Offenbar musste sie sich zusammennehmen, um nicht laut herauszuprusten.

Kleiner Floh hatte zwar keine Ahnung, was hier so lustig war, aber er konnte Flatternder Falter ziemlich gut leiden. Warum, das wusste er selber nicht, doch jedes Mal, wenn er sie sah, bekam er gute Laune. Allerdings konnte er das keinesfalls zugeben.

„Was lachst du so blöd?", fragte er möglichst barsch. Das schien Flatternder

Falter nicht sonderlich zu beeindrucken. Im Gegenteil – seine Bemerkung versetzte sie erst recht in Heiterkeit.

Sie zeigte mit dem Finger auf Kleiner Floh und prustete und japste, als wäre er eine furchtbar komische Erscheinung.

Kleiner Floh brauchte sich keine Mühe mehr zu geben, um ein finsteres Gesicht zu machen, denn er ärgerte sich jetzt wirklich. Aber weil man auch allzu großen Ärger unmöglich vor den anderen zeigen durfte, wandte er sich ab und blickte wieder entschlossen in die Ferne.

Das gab Flatternder Falter den Rest. Sie wälzte sich am Boden vor Lachen.

Schließlich holte sie Luft und keuchte: „Du suchst doch einen neuen Namen für dich. Ich weiß einen."

Kleiner Floh versuchte, das zu überhören.

„Der auf der Stelle reitet", jauchzte Flatternder Falter, und da musste auch Kleiner Floh grinsen. Seufzend kletterte er von dem regungslosen Gaul.

„Den kriege ich schon irgendwie in Gang", dachte er.

Aber erst einmal musste er sehen, dass seine Visionen von der Stelle kamen.

Leserätsel

1. Wonach sucht der Medizinmann in der Prärie?

2. Auf was für eine Erscheinung wartet Kleiner Floh?

3. Warum bewegt sich das Pferd von Wandernder Hund nicht gerne?

1. Nach Kräutern.
2. Auf die Erscheinung von einem Tier, das dann zu seinem Schutzgeist werden würde.
3. Weil es schon sehr alt ist.

Das Gewehr

Packen! Kleiner Floh hasste packen. Nicht, dass er allzu viel hätte einpacken müssen. Aber packen hatte etwas mit Aufbrechen zu tun und Kleiner Floh brach nun mal nicht gerne auf.

Wenn er sich allerdings das Treiben im Lager ansah, dann hatte es mit dem Aufbrechen niemand so furchtbar eilig. Noch war keines der Tipis abgebaut, und von der Unruhe und dem eiligen Hin und Her, das sonst jedem Aufbruch voranging, war überhaupt nichts zu spüren.

Die meisten der Männer saßen vor ihren Zelteingängen und schienen tief in Gedanken versunken zu sein. Vielleicht dachten sie ja darüber nach, wo es denn nun eigentlich hingehen sollte.

Nur Zischende Schlange hatte sich gar

nicht erst die Mühe gemacht, so zu tun, als würde er nachdenken. Zischende Schlange hatte sich vor seinem Zelt zusammengerollt und schlummerte friedlich.

Kleiner Floh betrachtete das Zelt von Zischende Schlange. Eigentlich war es ein Tipi wie alle anderen auch. Um die kreisförmig angeordneten Zeltstangen war eine Lederplane aus sieben bis acht Bisonfellen gespannt. Es war ein Zelt, das ebenso schnell aufzustellen war, wie man es abbauen konnte – genau die richtige Behausung für einen Jäger der Prärie.

Doch das Zelt von Zischende Schlange war etwas ganz Besonderes. Um das ganze Zelt herum wand sich eine riesige Schlange, und direkt über dem Zelteingang riss die Schlange ihr Maul auf und zischte den Betrachter an. Ein prächtiges Bild, fand Kleiner Floh, aber Zischende Schlange prahlte ja auch sonst gern mit seiner Schlangenvision. Bei jeder Gelegenheit erzählte er, wie er sieben Tage und sieben

Nächte ohne zu essen und ohne zu trinken in der Prärie verbracht hatte, bis ihm eine riesige Schlange erschienen war und ihn angezischt hatte. Seitdem war Zischende Schlange überzeugt davon, der Sohn einer Schlange zu sein, und wenn er einem Bison hinterherjagte, machte er Geräusche wie tausend zischende Schlangen.

Kleiner Floh seufzte. Wie er Zischende Schlange um diese Erscheinung beneidete!

Und nicht nur um seine Erscheinung. Zischende Schlange war der Einzige im

Lager, der ein Gewehr besaß, einen uralten Vorderlader. Zischende Schlange hatte das Schießeisen bei einem der weißen Händler erhandelt, die sich ab und an in die Prärie verirrten. Diese Weißen handelten mit allem, und wenn sie genügend Büffelfelle bekamen, tauschten sie sogar ihre Gewehre ein. Natürlich wollte Zischende Schlange mit seinem Gewehr gleich ordentlich angeben, doch die Krieger hatten nur mit der Schulter gezuckt.

„Bis du damit einmal gefeuert hast, sind die Bisons ausgestorben", spottete Großer Busch.

Natürlich war es undenkbar, dass der Bison einmal aussterben könnte, aber so ein Vorderlader war wirklich furchtbar umständlich. Da jagten die Indianer doch lieber mit richtigen Waffen wie Pfeil und Bogen.

Kleiner Floh jedoch juckte es in den Fingern. Einmal wollte er ein Gewehr in der Hand halten!

Verstohlen sah Kleiner Floh sich um. Eigentlich war die Gelegenheit doch ziemlich günstig. Niemand achtete auf ihn und Zischende Schlange schlief tief und fest. Die Familie von Zischende Schlange badete unten im Fluss, das Zelt war also leer.

Kleiner Floh gab sich einen Ruck. Vorsichtig stieg er über den Herrn des Zeltes hinweg.

Kleiner Floh hatte keine Schwierigkeiten, sich in dem fremden Zelt zurechtzufinden, denn auch im Inneren war ein Tipi wie das andere.

   In einem Indianerzelt musste alles seinen festen Platz haben, damit die Bewohner sich nicht in die Quere kamen. Nach dem Gewehr jedenfalls brauchte Kleiner Floh nicht lange zu suchen. Die Augen von Kleiner Floh blitzten. Frisch geputzt lehnte das Gewehr an einer der Zeltstangen. Nachdem er für seine neue Waffe nur Hohn und Spott geerntet hatte, hatte Zischende Schlange das Gewehr zwar nie mehr benutzt, aber offensichtlich putzte er es trotzdem jeden Tag.

   Gerade wollte Kleiner Floh nach der Waffe greifen, als ihn ein Geräusch zusammenzucken ließ. Zischende Schlange hatte sich geräuspert. Kleiner Floh fuhr herum, sein Ellenbogen streifte das Gewehr, das Gewehr krachte auf den Boden – und mit gewaltigem Donner löste sich der Schuss.

   Zum ersten Mal in seinem Leben hatte

Kleiner Floh den dringenden Wunsch nach einem Pferd. Einem Pferd, das ihn auf der Stelle ans andere Ende der Welt bringen würde ...

Leserätsel

1. Wie nennt man ein Indianerzelt?

2. Was ist um die kreisförmig angeordneten Zeltstangen gespannt?

3. Was für ein Gewehr besitzt Zischende Schlange?

1. Man nennt es Tipi.
2. Eine Lederplane aus sieben bis acht Bisonfellen.
3. Einen Vorderlader.

Ein wilder Ritt

Na bitte. Wie er es sich gewünscht hatte – Kleiner Floh saß auf einem Pferd.

Allerdings würde ihn das Pferd wohl kaum bis ans andere Ende der Erde transportieren. Trübselig hockte Kleiner Floh wieder auf dem Gaul von Wandernder Hund.

Kleiner Floh schämte sich furchtbar. Das ganze Lager war zusammengelaufen, um das Loch zu bestaunen, das er in das Zelt geschossen hatte. Selbst Flatternder Falter hatte große Augen gemacht und ungläubig mit dem Kopf geschüttelt.

Ausgerechnet Zischende Schlange hatte Kleiner Floh schließlich aus der Patsche geholfen. Denn Zischende Schlange führte sich auf, als hätte ihm Kleiner Floh in den Hintern geschossen. Er sprang von einem Bein auf das andere, er jammerte und zeterte und wahrscheinlich hätte er auch noch gezischt.

Aber da gluckste es schon in der Menge. Der Glucker kam natürlich von Flatternder Falter, und die Glucker von Flatternder Falter waren ausgesprochen ansteckend.

Bald kicherte und prustete die ganze Meute, und das durchlöcherte Zelt schien völlig vergessen. Der tobende Zeltbesitzer war ja auch wirklich viel komischer!

Natürlich stimmte das allgemeine Gelächter Zischende Schlange nicht friedlicher. Er kreischte jetzt fast vor Wut.

Doch da trat Früher Vogel vor, hob den Arm und das laute Lachen verstummte.
Auch Zischende Schlange beruhigte sich ein wenig.

„Zischende Schlange kann froh sein, dass er ein Loch in seinem Zelt hat und nicht in seinem Fell", sagte Früher Vogel. „Kein Krieger stellt eine geladene Feuerwaffe einfach in sein Zelt, wo sie für jedes Kind zu erreichen ist."

Dann sah er Kleiner Floh an und sein Blick wurde streng.

„Nur Kinder betreten ungebeten das Zelt eines Kriegers. Und nur Kinder kehren einer Aufgabe den Rücken, bevor sie erledigt ist."

Das hatte gesessen! Jetzt brauchte Kleiner Floh also nicht nur eine Vision – bevor er sich einen Krieger nennen durfte, musste er auch noch diesem alten Ross das Reiten beibringen. Und bei dieser Aufgabe konnte ihm nicht einmal Flatternder Falter helfen.

Flatternder Falter saß im Gras, kaute auf einem Grashalm und war genauso ratlos wie Kleiner Floh. Wie alle Indianer verstand auch Flatternder Falter ein wenig von Pferden, aber für dieses Pferd hier brauchte man wohl keinen Pferdeverstand, sondern einen Zauberspruch.

„Es sieht aus, als bräuchtest du dringend einen kräftigen Zauber!"

Spitzer Stein grinste. Kleiner Floh hatte ihn gar nicht herankommen hören.

Offenbar war der Medizinmann wieder unterwegs, um vor dem großen Aufbruch noch einmal genügend Kräuter zu sammeln.

„Ich weiß schon", brummelte Kleiner Floh. „Ich brauche Geduld."

Doch Spitzer Stein schüttelte den Kopf. „Nein. Geduld hilft hier nicht weiter. Ich weiß einen anderen Zauber."

„Wirklich?", fragte Kleiner Floh voller Hoffnung.

„Halt dich fest", sagte Spitzer Stein.

Spitzer Stein holte weit aus – und dann klatschte er dem Pferd mit voller Wucht auf das Hinterteil. Das Pferd zuckte zusammen, warf den Kopf zurück – es schien, als wäre der alte Gaul ganz plötzlich aus einem langen Schlaf erwacht. Er machte einen gewaltigen Satz nach vorn, wieherte und schon preschten Ross und Reiter über die Prärie.

Kleiner Floh hörte noch, dass Flatternder Falter irgendetwas rief, aber sie war bereits nicht mehr zu verstehen. Außerdem hatte Kleiner Floh jetzt nur noch einen Gedanken – festhalten!

Verzweifelt klammerte sich Kleiner Floh an die Mähne. Sie ritten so schnell, dass der Wind Kleiner Floh nur so um die Ohren pfiff.

Anscheinend hatte sein Pferd völlig vergessen, was für ein alter Gaul es eigentlich war.

Sie ritten und ritten, und die Prärie sauste unter ihnen dahin. Irgendwann war Kleiner Floh fast besinnungslos vom Reiten und vor Angst. Er wusste längst nicht mehr, wie lange sie schon unterwegs waren, aber um Stunden handelte es sich bestimmt.

Doch plötzlich spürte er einen furchtbaren Ruck. Wild wiehernd bäumte sein Pferd sich auf.

Kleiner Floh wurde durch die Luft gewirbelt und landete ziemlich unsanft auf dem Boden.

„Aua", dachte Kleiner Floh und hielt sich den Kopf. Alles drehte sich vor seinen Augen … Und dann hatte er seine Vision. Bisons! Hunderte von Bisons! Doch Kleiner Floh war viel zu benommen, um sich über seine Erscheinung richtig zu freuen.

„Komisch", dachte er nur. „Erst erscheint einem überhaupt nichts. Und dann gleich eine ganze Bisonherde …"

Leserätsel

1. Wie macht der Medizinmann dem alten Pferd Beine?

2. Wie hält sich Kleiner Floh bei seinem Ritt fest?

3. Warum fällt Kleiner Floh vom Pferd?

1. Mit einem Schlag auf das Hinterteil.
2. An der Mähne des Pferdes.
3. Weil das Pferd sich aufbäumt.

Ein kleiner Bison

„Hurra!" Wieder war das ganze Lager zusammengelaufen. Doch diesmal gab es keinen Grund für Kleiner Floh, sich zu schämen. Die Leute patschten ihm auf die Schulter, umarmten ihn und machten eine Menge Wind um Kleiner Floh. Nur weil er wieder da war.

Das, fand Kleiner Floh, war aber auch eine Leistung. Er wusste gar nicht, wie lange er für den Rückweg gebraucht hatte. Natürlich war er zu Fuß marschiert. Erstens hätte ihn nichts auf der Welt mehr dazu gebracht, sich noch einmal auf diesen Gaul zu setzen. Und zweitens war gar kein Gaul mehr da gewesen. Kaum hatte das Pferd Kleiner Floh abgeworfen, hatte es kehrtgemacht und war in Richtung Lager geprescht. Doch so erschöpft Kleiner Floh

auch war – er konnte es gar nicht abwarten, dem ganzen Lager von seiner Vision zu erzählen.

Bislang wusste nur Flatternder Falter davon. Arme schwenkend und jauchzend war ihm Flatternder Falter entgegengerannt.

„Wir haben uns solche Sorgen gemacht!", rief sie atemlos. „Das Pferd von Wandernder Hund kam hier angaloppiert und von dir keine Spur!"

„Ich habe eine Erscheinung gehabt", hatte Kleiner Floh feierlich erklärt.

Die Reaktion von Flatternder Falter war ein wenig enttäuschend gewesen.

„Sag mal", hatte sie nur gefragt. „Ist dir auch wirklich gut?"

Früher Vogel aber würde begeistert sein, da war Kleiner Floh ganz sicher.

Also räusperte sich Kleiner Floh und rief: „Kleiner Floh hat eine große Vision gehabt! Bisons! Und zwar eine ganze Herde!"

Ein Raunen ging durch die Menge, nur Früher Vogel runzelte die Stirn.

Nachdenklich blickte er zum Horizont.

„So, so, eine Vision", brummte er. „Großer Busch!", rief er dann. „Hol die Späher!"

Kleiner Floh schluckte. Was sollte das jetzt heißen? Seit wann schickte man einer Vision Späher hinterher?

Aber schon galoppierten die Späher hinaus in die Prärie, allen voran Großer Busch, der Anführer.

Der Anführer der Späher wurde jedes Jahr vom ganzen Lager neu gewählt, aber niemand zweifelte daran, dass der Anführer auch im nächsten Jahr Großer Busch heißen würde. Er hatte nun einmal die schärfsten Augen und er würde der Spur des Pferdes von Wandernder Hund mühelos folgen können.

Verwirrt hockte sich Kleiner Floh ins Gras. Zweifelte Großer Busch daran, dass er eine Erscheinung gehabt hatte?

Flatternder Falter setzte sich neben ihn. „Weißt du", sagte sie. „Visionen kann man nicht essen."

Natürlich verstand Kleiner Floh, was Flatternder Falter damit meinte.

Bisons waren wichtiger als Erscheinungen. Eine richtige, große Herde Bisons – das brachte den ganzen Stamm über den nächsten Winter. Erst einmal würde es natürlich ein Festmahl geben. Aber was dann noch übrig war von dem Fleisch der Bisons, das wurde für den Winter aufgehoben.

Das Fleisch wurde in lange, schmale Streifen geschnitten, mit Steinhämmern platt gestampft und schließlich getrocknet. Ohne so einen Wintervorrat konnte der Stamm nicht überleben.

Trotzdem – im Augenblick interessierte sich Kleiner Floh nicht für Wintervorräte. Wie lange würden die Späher wohl brauchen, bis sie wieder zurück im Lager waren?

Sie brauchten nicht halb so lang, wie Kleiner Floh gebraucht hatte. Schon nach wenigen Stunden kündigte eine Staubwolke am Horizont die Rückkehr der Späher an.

„Bisons!", schrie Großer Busch schon von Weitem. „Manitu hat uns Bisons für Hunderte von Wintern geschickt", keuchte er, als er vom Pferd sprang. Offenbar hatte er völlig vergessen, dass ein Apache durch nichts aus der Ruhe zu bringen war.

Kleiner Floh blickte traurig zu Boden. Also hatte er doch keine Erscheinung gehabt. Wenigstens brauchten sie jetzt das Lager nicht abzubrechen. Aber er würde nun auf ewig heißen, wie er hieß: Kleiner Floh.

Da legte sich eine Hand auf seine Schulter. Vor ihm kniete Früher Vogel.

„Du hast keine Vision gehabt", sagte er. „Aber du bist ein guter Späher."

Früher Vogel machte eine Pause. „Von jetzt an heißt du Kleiner Bison. Irgendwann wirst du vielleicht einmal einen größeren Namen haben."

Er steckte Kleiner Floh eine kleine Feder in das Band, das er um den Kopf trug. Anhand der Anzahl der Federn konnte man sehen, wie viele und welche Taten ein

Indianer schon vollbracht hatte. Die meisten Federn hatte der Stammeshäuptling.

Kleiner Bison? Kleiner Floh strahlte. Klein war er ja immer noch. Aber wenigstens war er ein Stück gewachsen.

„Kleiner Bison hat Geduld", sagte er. „Wie ein Büschel Präriegras."

„Hugh." Früher Vogel erhob sich und lächelte. „Kleiner Bison hat gesprochen!"

Leserätsel

1. Von wem wird der Anführer der Späher bestimmt?

2. Wie werden die Fleischvorräte für den Winter zubereitet?

3. Wer trägt die meisten Federn im Kopfschmuck?

1. Vom ganzen Lager.
2. Das Fleisch wird in lange, schmale Streifen geschnitten, mit Steinhämmern platt gestampft und dann getrocknet.
3. Der Stammeshäuptling.

Lese-Spaß mit der Lese-Biene

ISBN 978-3-8000-5399-5

Diese und weitere tolle Geschichten gibt es unter Lesestufe 1

Der mutige Ritter Rudolf	ISBN 978-3-8000-5269-1
Nestor, der kleine Drache	ISBN 978-3-8000-5332-2
Pitt, der kleine Pirat	ISBN 978-3-8000-5281-3
Rosa, die kleine Prinzessin	ISBN 978-3-8000-5278-3
Tim bei der Feuerwehr	ISBN 978-3-8000-5336-0

je 32 Seiten, ca. 30 Wörter pro Seite

ISBN 978-3-8000-5398-8

Diese und weitere tolle Geschichten gibt es unter Lesestufe 2

Emma und Schnüffel	ISBN 978-3-8000-5280-6
Julia und das neue Pony	ISBN 978-3-8000-5270-7
Luisa lernt das Hexen	ISBN 978-3-8000-5331-5
Mia entdeckt die Tiere im Wald	ISBN 978-3-8000-5279-0
Paul, der Polizist	ISBN 978-3-8000-5335-3

Je 32 Seiten, ca. 40 Wörter pro Seite

ISBN 978-3-8000-5378-0

Diese und weitere tolle Geschichten gibt es unter Lesestufe 3

Ferien am See	ISBN 978-3-8000-5334-6
Der kleine Grieche	ISBN 978-3-8000-5347-6
Der kleine Wikinger	ISBN 978-3-8000-5282-0
Piratengeschichten	ISBN 978-3-8000-5272-1
Ponygeschichten	ISBN 978-3-8000-5271-4
Um Mitternacht ist Geisterstunde	ISBN 978-3-8000-5330-8

Je 48 Seiten, ca. 60 Wörter pro Seite

ISBN 978-3-8000-5379-7

Diese und weitere tolle Geschichten gibt es unter Lesestufe 4

Detektivgeschichten	ISBN 978-3-8000-5273-8
Freundschaftsgeschichten	ISBN 978-3-8000-5274-5
Der kleine Ägypter	ISBN 978-3-8000-5283-7
Der kleine Römer	ISBN 978-3-8000-5348-3
Leas Traum vom Tanzen	ISBN 978-3-8000-5333-9
Robin Hood	ISBN 978-3-8000-5329-2

Je 48 Seiten, ca. 100 Wörter pro Seite